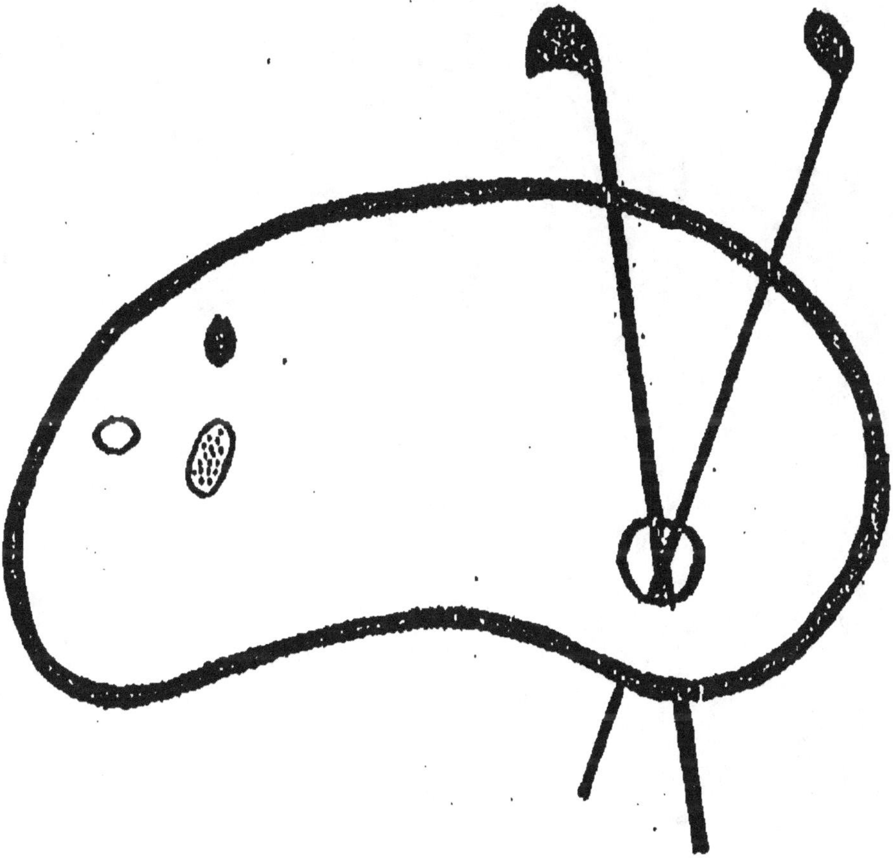

COUVERTURE SUPERIEURE ET INFERIEURE
EN COULEUR

loi à l
ce ne p
du juste
neroit la
qu'ainsi l
même da
par des v
du préju
leur refus
répartitio
eux-mêm
inquiétan

tenient de la capitation.

Le principe fondamen[illegible] hode est la maxime suiv[illegible]

« Le plus sûr moyen [illegible] » tablement une somme [illegible] » confier la répartition au[illegible] » eux-mêmes ».

L'on ne s'arrêtera pa[illegible] une vérité aussi palpable[illegible] çoit parfaitement qu'obli[illegible] entr'eux une somme dét[illegible]

aire sentir
e supposi-
les contri-
eilleure ré-
a surcharge
pour eux.
Clergé étoit
ans les Dio-
n de chaque
oit appliquer
nduction pro-
dans chaque
un seul.
Or,

po . .
C'e
nous

Q
ratio
Cle
per
C
fica
ru

CATÉCHISME
DE
MORALE RÉPUBLICAINE,

POUR L'EDUCATION DE LA JEUNESSE.

Rédigé d'après le décret de la Convention Nationale, du 9 pluviose.

L'instruction est le besoin de tous...
Décl. des Droits de l'Homme, art. 22.

Par le Citoyen BULARD, de la Section de Brutus.

A PARIS,

Chez le C. CAILLOT, Imprimeur-Libraire, rue du Cimetière André-des-Arcs, N°

PRÉFACE.

UNE monarchie peut bien se soutenir par la sévérité des loix du despote qui la gouverne : mais une république ne peut subsister que par les vertus des citoyens qui la composent

La France régénérée doit donc se hâter de porter la théorie et la pratique de l'éducation, à un point de perfection qui soit tel, que l'exercice de toutes les vertus, devienne comme naturel à tous les hommes. De toutes les parties de l'éducation, celle qui jette les premières semences de la morale dans les âmes, est sans contredit la plus importante.

Il est deux vérités qu'il est d'abord bien essentiel d'établir; la première, c'est que l'homme est le produit de son éducation, c'est-à-dire, que s'il est bien élevé, il sera bon; et que s'il est mal élevé, il court risque d'être méchant, ou du moins sans vertus.

La seconde vérité, c'est que l'homme dès l'âge le plus tendre est susceptible d'être dirigé vers le bien. Son caractère commence à se former, dit Rousseau, dès que ses yeux sont ouverts; plus tard, on acquière des connoissances; mais à cet âge, on contracte des habitudes, et dans le reste de la vie on ne fait guère que les garder.

Pères, mères, instituteurs, institutrices, et vous, qui vous chargez de l'éducation des enfans, à quelque titre que ce soit, souvenez-vous que leurs bonnes ou mauvaises qualités, leurs vices ou leurs vertus, sont pour l'ordinaire votre ouvrage.

CATÉCHISME DE MORALE RÉPUBLICAINE

POUR L'ÉDUCATION DE LA JEUNESSE.

CHAPITRE PREMIER.

De l'homme.

Demande. Qu'est-ce que l'homme?

Réponse. C'est un être raisonnable, distinct de tous les autres animaux, par l'excellence de son organisation, et sur-tout par ses facultés intellectuelles.

D. En quoi consiste l'excellence de son organisation ?

R. Dans la perfection de ses organes, qui produisent plus d'effets que ceux des animaux.

D. La stature de l'homme a-t-elle quelque chose de distingué ?

R. Oui : l'homme est le seul qui se soutienne habituellement, et sans contrainte dans une situation droite et perpendiculaire. Il peut, dans cette attitude majestueuse, voir le ciel et la terre, et marcher sans perdre l'équilibre. L'animal brute au contraire est constamment courbé vers la terre.

D. Qu'entend-t-on par facultés intellectuelles ?

R. L'intelligence naturelle, qui nous fait discerner le bien et le mal, le vrai et le faux.

D. Cette intelligence est-elle la même dans tous les hommes?

R. Non : l'éducation et l'expérience la développent plus ou moins dans les individus ; mais tous les hommes en ont une portion suffisante, pour se diriger selon les principes de la justice et de l'honnêteté.

D. Cet attribut, qu'on nomme raison, met-il une grande différence entre l'homme et le brute?

R. Il en met une si grande, que l'un ne peut être absolument comparé à l'autre. L'homme le moins spirituel l'emporte de beaucoup sur l'animal qui a le plus d'instinct. Il le commande, le fait servir à ses usages, et celui-ci lui obéit.

D. Cependant on voit des animaux montrer beaucoup d'adresse et de sagacité?

R. Cela est vrai; mais les talens dont ils sont susceptibles, sont toujours les mêmes. Leur industrie est circonscrite dans un cercle étroit, dont on ne les a jamais vu sortir. C'est ainsi que le nid de l'hirondelle, l'alvéole de l'abeille, et la cabane du castor, sont aujourd'hui conçus et exécutés sur le même plan et avec les mêmes dimensions qu'autrefois.

D. L'homme ne montre-t-il pas la même uniformité dans ses conceptions et dans ses ouvrages?

R. Non; l'intelligence dont il

est doué, lui fait varier ses opérations à l'infini. Son imagination étend la sphère de ses desirs, augmente l'énergie de sa volonté, et le porte souvent au-delà des bornes de la nature.

Ici il construit une cabane, et là il bâtit un palais.

Que de changemens dans les mœurs, les gouvernemens, les opinions, les idées religieuses! Quelle distance du Lapon au Français! de l'habitant efféminé de l'indostan au féroce et infatigable caraïbe! Tel animal ne peut vivre que sous telle latitude avec tels alimens. L'homme triomphe de tous les climats, et sait trouver sa subsistance parmi les glaces du Nord et sous les feux de l'équateur.

D. N'est-il pas un autre caractère qui distingue essentiellement l'homme de la bête?

R. Oui; c'est le don de la parole; don heureux par lequel nous communiquons avec nos semblables, en leur exprimant nos pensées.

D. Quel avantage en est-il résulté pour l'homme?

R. C'est peut-être ce qui a le plus contribué à établir son empire sur la terre. Qu'auroit fait l'homme isolé, réduit à ses propres forces, entouré d'animaux plus hardis, plus forts, et mieux armés que lui! Il seroit infailliblement devenu leur proie; mais il a employé le secours de ses semblables, en faisant passer dans leur âme ses idées et ses sentimens; il leur a communiqué ses vues, a concerté avec eux ses plans d'attaque et de défense, et la victoire est restée à l'espèce qui a sçu réunir ses forces, et les employer avec sagesse.

D. Le don de la parole n'est-il pas un moyen de perfectibilité dans l'homme ?

R. Oui, c'est par son moyen que la raison se perfectionne dans chaque individu, que l'expérience d'un seul devient utile à plusieurs, et que la somme des connoissances humaines prend tous les jours de nouveaux accroissemens.

CHAPITRE II.

De Dieu.

D. L'homme est sans contredit le

plus parfait des animaux ; mais d'où vient-il, et qui l'a placé sur la terre ?

R. C'est Dieu.

D. Qu'est-ce que Dieu ?

R. C'est l'Être Suprême, par qui tout existe.

D. Faut-il croire qu'il y a un Dieu ?

R. Oui, sans-doute ; et s'il étoit quelqu'un qui osât nier son existence, qu'il jette les yeux sur le ciel, la terre, la mer, sur lui-même, sur tout ce qui l'environne, et qu'il prononce.

D. Il règne, je l'avoue, beaucoup d'ordre et d'harmonie dans toutes les parties de l'univers. Mais n'est-il pas possible que tout cela ne soit que l'effet du hasard ?

R. Ce seroit le comble de l'extravagance

travagance que de le penser. Celui qui porteroit un pareil jugement sur un édifice bâti de main d'homme ; par exemple, sur le Panthéon, et qui prétendroit que les pierres qui le composent, se sont taillées, arrangées et sculptées d'elles-mêmes, seroit un insensé. A combien plus forte raison ne seroit pas absurde celui qui attribueroit au hazard, à une combinaison purement fortuite, un ouvrage aussi vaste, aussi sublime, et d'une composition aussi merveilleuse que l'univers ?

D. Puisque Dieu existe, qu'il est auteur de la nature, et qu'il nous a donné l'existence, quels sentimens devons-nous avoir pour lui ?

R. Des sentimens d'amour et de respect.

D. Quel est l'hommage le plus flatteur qu'on puisse lui rendre?

R. C'est de le reconnoître et de l'aimer, de suivre exactement les principes de la loi naturelle qu'il a gravés dans nos cœurs, et de lui dire avec l'expression de la tendresse filiale.

« Être Suprême, par qui j'existe, » qui m'as placé sur la terre pour » y être heureux, qui m'as comblé » de bienfaits jusqu'à ce jour, je » t'aime et je t'adore. Fais que je » sois bon, juste et vertueux. »

CHAPITRE III.

De l'homme destiné à vivre en société.

D. Combien y a-t-il d'états où

l'on conçoit que l'homme puisse vivre ?

R. Il y en a deux.

D. Qui sont-ils ?

R. L'état de solitude et l'état de société.

D. Quel est de ces deux états celui qui convient à l'homme ?

R. C'est l'état de société.

D. Sur quoi doit-on fonder cette opinion ?

R. Sur ce que l'homme abandonné à lui même, ne pourroit satisfaire aux besoins de son corps, qu'il seroit exposé à périr, ou de faim, ou de froid, ou par les dents de quelque bête féroce.

D. Est-ce que l'homme est moins capable d'assurer sa conservation que les autres animaux ?

R. Oui, si on le considère dans l'état de solitude, et principalement dans son enfance.

D. Qu'a donc son enfance de remarquable ?

R. Si quelque chose est capable de nous donner une idée de notre foiblesse, c'est l'état de l'homme à l'instant qui suit sa naissance. Incapable de faire aucun usage de ses organes, il a besoin de secours de toute espèce. C'est une image de misère et de douleur. Il est dans les premiers tems plus faible qu'aucun des animaux.

D. Mais tous les animaux passent aussi par le période de l'enfance ?

R. Sans doute ; mais celle de l'homme est beaucoup plus longue. Il suffit de quelques mois aux petits des animaux, pour être en état de pourvoir à tous leurs besoins. Il faut plusieurs années à l'homme pour se suffire à lui-même. D'ailleurs presque tous les animaux naissent vêtus et armés. L'homme vient au monde nud et sans défense.

D. La société n'offre-t-elle pas aussi de grandes ressources à l'homme dans sa vieillesse ?

R. Oui, car à l'âge où ses forces l'abandonnent, où souvent les infirmités l'assiégent, il a besoin de plusieurs secours extérieurs, pour le nourrir, le soigner, et entretenir ses facultés en bon état.

D. Cependant n'a-t-on pas quelquefois trouvé des hommes errans seuls dans les forêts ?

R. Oui, mais ce n'étoit pas la

nature qui les y avoit placés ; et ces êtres, abandonnés à eux-mêmes, ne devoient leur isolement qu'à des évènemens extraordinaires, qui les avoient séparés de leur peuplade ou de leur famille.

D. L'homme, indépendamment de l'intérêt qu'il a de vivre en société, n'a-t-il pas encore du penchant pour cet état de vie ?

R. On remarque dans les hommes une inclination naturelle qui les rapproche, et qui établit entr'eux un commerce de services et de bienfaits, d'où résulte le bien commun de tous, et l'avantage particulier de chacun.

D. Cependant on a vu, même dans l'état politique, des hommes se séquestrer de la société ?

R. Ces hommes étoient conduits dans la solitude, non par un penchant naturel, mais par des préjugés ridicules, tels que les hermites par le fanatisme.

D. Diogène n'étoit pourtant, ni hermite, ni fanatique ?

R. Il étoit au moins orgueilleux : en se renfermant dans un tonneau, il avoit eu soin de se tenir au coin d'une rue, pour que l'admiration des passants le dédommageât de l'abnégation de lui-même.

CHAPITRE IV.

Des différens états de société.

D. Combien y a-t-il d'états de société ?

R. Il y en a deux principaux.

D. Qui sont-ils?

R. L'état de famille, et l'état civil.

D. Que penser de l'état de famille ?

R. Que cette société est la plus naturelle et la plus ancienne de toutes, et qu'elle sert de fondement à la société nationale. Car un peuple ou une nation est composée de plusieurs familles.

D. Quelle est la source des familles ?

R. C'est le mariage. C'est la nature elle-même qui invite les hommes à cette union. Delà naissent les enfans, qui, en perpétuant les familles, entretiennent la société humaine, et réparent les brèches que la mort y fait chaque jour.

D. L'état de famille ne produit-il pas diverses relations ?

R. Oui, il produit celles de mari et de femme ; de père, de mère et d'enfans ; de frères et de sœurs, et tous les autres dégrés de parenté, qui sont le premier lien des hommes entr'eux.

D. Qui a donné naissance à l'état civil ?

R. C'est l'accroissement des hommes qui, étant venus à se multiplier et à s'unir pour leur défense commune, ont composé un corps de nation, gouverné par la volonté de celui ou de ceux à qui l'on a remis l'autorité.

D. Quel est le caractère essentiel de l'état civil ?

R C'est la subordination à une autorité souveraine.

D. Cet état n'a-t-il pas produit d'autres établissemens accessoires ?

R. Oui ; telles sont les différentes fonctions de ceux qui ont quelque part au gouvernement ; par exemple, des législateurs, des administrateurs, des juges. A quoi l'on doit ajouter les arts, les métiers, l'agriculture, la navigation, le commerce, avec toutes leurs dépendances.

CHAPITRE V.

Du gouvernement.

D. Comment les hommes ont-ils passé de l'état de nature à l'état civil ?

R. Par les loix.

D. Qu'entend-on par loix ?

R. On entend des règles prescrites par une société entière, pour régler la conduite des individus, et leur permettre ou défendre telle ou telle chose.

D. N'y a-t-il pas une définition plus précise ?

R. Oui ; telle est celle de la déclaration des droits de l'homme : *La loi est l'expression de la volonté générale.*

D. Qui a le droit de faire des loix ?

R. Le souverain.

D. Qu'est-ce que le souverain ?

R. C'est l'universalité des individus qui composent un peuple ou une nation.

D. C'est donc le peuple qui fait les loix ?

R. Par l'évènement, ce n'est pas toujours lui qui les fait, puisque la plupart des nations sont gouvernées par des despotes, ou des autorités plus ou moins tyranniques, qui leur en donnent. Mais au moins c'est toujours lui qui doit les faire.

D. Pourquoi cela ?

R. C'est parce qu'il n'appartient qu'à ceux qui s'associent, de régler les conditions de la société.

D. Quel est le but des loix?

R. C'est d'assurer le bonheur de tous.

D. Qu'elle est la principale base du bonheur ?

R. C'est la liberté et l'égalité.

D. Mais un peuple qui vivroit

absolument

absolument sans loix, en étant plus libre, ne seroit-il pas plus heureux?

R. Il seroit plus heureux, s'il étoit sans passions. Mais il a des passions qui, sans le frein des loix, se choqueroient, se heurteroient, amèneroient l'injustice, et avec elle la confusion et le désordre. Il est parconséquent plus heureux en vivant sous le régime des loix.

D. En quoi consiste la liberté?

R. A faire tout ce qui ne nuit pas aux droits d'autrui. La liberté a pour principe la nature; pour règle, la justice; pour sauve-garde, la loi. Sa limite morale est dans cette maxime: *ne fais point à un autre ce que tu ne veux point qu'il te soit fait*.

D. Et l'égalité?

R. En ce que tous les hommes étant égaux par la nature et devant la loi, il ne doit y avoir d'autre différence entr'eux que celle des vertus et des talens.

D. Comment nomme-t-on le concours des principes et des formes auxquels une nation s'est soumise, pour le maintien et la sûreté de l'ordre général ?

R. Cela se nomme gouvernement.

D. Combien y a t-il de sortes de gouvernements ?

R. Il y en a trois sortes. Le démocratique, l'aristocratique, et le monarchique.

D. Qu'est-ce que le gouvernement démocratique ?

R. C'est celui où le peuple étant

souverain confie l'exécution de ses loix à des agens de son choix.

D. Et le gouvernement aristocratique ?

R. C'est celui où l'autorité souveraine est remise à un certain nombre de personnes d'une classe privilégiée.

D. Et le gouvernement monarchique ?

R. C'est celui où la souveraineté n'est confiée qu'à un seul homme, soit qu'il l'ait usurpée, ou qu'un peuple dans son aveuglement l'en ait fait dépositaire.

D. Quel est de ces trois gouvernemens celui qui convient à l'homme libre, et qui est le plus propre à établir son bonheur ?

R. C'est le gouvernement démocratique.

D. Quels sont les avantages de ce gouvernement ?

R. Il assure à tous les citoyens l'égalité, la liberté, la sûreté, la propriété.

D. Est-ce que les autres gouvernements ne présentent pas les mêmes avantages ?

R. Non, les autres gouvernements violent au contraire ces droits précieux de l'homme, étouffent les vertus dans leur naissance, ou en arrêtent du moins le développement et l'énergie.

D. Qu'est-ce qui règle le gouvernement d'un peuple ?

R. C'est une constitution.

D. Qu'est-ce qu'une constitution?

R. C'est l'acte par lequel une nation règle l'état des citoyens, la représentation nationale, la nature et les fonctions du corps législatif, la formation et l'exécution des loix, son administration, sa justice civile et criminelle, ses finances, et sa force militaire.

D. Qu'exige une constitution pour être valide ?

R. D'être fondée sur les droits naturels et imprescriptibles de l'homme, et d'être consentie par la majorité des citoyens.

D. Qu'elle est la forme du gouvernement français ?

R. C'est un gouvernement républicain, où tous les hommes sont libres et égaux.

D. Quels sont les principes moraux de la constitution française ?

R. Elle reconnoît l'être suprême, honore la loyauté, le courage, la vieillesse, la piété filiale, le malheur.

D. Quel est son plus ferme soutien ?

R. Ce sont toutes les vertus, principalement celles qu'on nomme vertus sociales.

D. Quelles sont les vertus sociales ?

R. La piété envers dieu, l'amour de la patrie, la piété envers ses parens, l'obéissance aux loix, la justice, la bonne foi et la sincérité, la bienfaisance, l'austérité dans les mœurs, la tempérance dans le bien, la patience dans les maux, le courage dans les dangers, et l'amour du travail.

CHAPITRE VI.

De la piété envers Dieu.

D, Qu'est-ce que la piété envers dieu ?

R. C'est l'amour tendre et respectueux que l'on a pour l'être suprême.

D. Pourquoi faut-il aimer dieu?

R. C'est parce qu'il est l'auteur de toute la nature, et que nous lui devons l'existence.

D. Pourquoi faut-il l'aimer d'un amour respectueux ?

R. C'est parce qu'il est la source

de toute puissance, de tout bien et de toute perfection.

D. Pourquoi d'un amour tendre?

R. C'est parce qu'il nous aime lui-même, comme un père tendre aime ses enfans.

D. Quelles preuves avons-nous qu'il nous aime?

R. Tout l'univers est rempli des preuves de son amour. C'est lui qui nous a organisés tels que nous sommes, qui nous a donné l'intelligence, qui rend la terre fertile pour nous nourrir, qui a fixé la marche des saisons, l'alternative des jours et des nuits, qui a embelli la nature en la peuplant de tous les animaux, et qui nous a donné le sommeil et l'espérance, pour nous reposer de nos fatigues, et nous consoler dans nos peines.

D. Quels sont les sentimens que l'amour de dieu nous inspire ?

R. Des sentimens d'humanité, de douceur et de justice envers nôtre prochain.

D. Comment les hommes témoignent-ils ordinairement leur amour envers dieu ?

R. Par un culte quelconque extérieur.

D. Ce culte est-il nécesspire ?

R. Non, il n'est pas nécessaire.

D. On peut donc adorer dieu au fond de son ame, sans aucune cérémonie extérieure ?

R. Sans doute, parce qu'il n'y a qu'un hommage vrai qui puisse lui être agréable, et que cet hommage part du cœur.

Dieu, dit un ancien, n'a pas sur la terre un lieu plus propre à habiter qu'une ame pure.

D. Cependant il a été dit plus haut qu'un culte extérieur peut être utile?

R. Cela est encore vrai.

D. Comment cela?

R. C'est qu'il y a des personnes, dont la piété envers dieu est comme assoupie, et qui a besoin d'être excitée par quelques marques extérieures de culte. Telle est, par exemple, celle des enfans; telle est aussi celle des gens simples, qui, peu accoutumés à réfléchir, ou distraits par les occupations de la vie, ont besoin que quelque chose leur rappelle l'idée de dieu, et excite en eux des sentimens d'amour et de reconnoissance.

D. Mais une religion purement de cœur n'est-elle pas préférable à un culte superstitieux ?

R. Il n'y a pas de doute. Parce qu'un culte superstitieux dégrade la raison de l'homme, le rend stupide, crédule, intolérant, méchant et cruel.

D. Que doit-on penser de ceux qui ne rendent à dieu aucun culte ni dans leurs cœurs, ni dans les temples ?

R. Il faut les plaindre, parce qu'ils manquent au premier devoir d'un homme vertueux. Mais il ne faut pas les haïr.

D. Pourquoi cela?

R. C'est parce que toute religion

doit être une religion de bonté et de douceur; et que ce seroit manquer de justice, de bienfaisance et de sagesse que de les haïr parce qu'ils ne pensent pas comme nous. Un homme fanatique et intolérant est une espèce de monstre dans la société. Il y peut causer les plus grands désordres et les plus grands malheurs.

D. Quel est le meilleur moyen pour conserver des sentimens de piété envers dieu?

R. C'est de tenir son ame en état de désirer qu'il y ait un dieu, et l'on n'en doutera jamais. C'est alors que nous trouverons du plaisir à l'aimer, à être bons, à faire le bien, à porter dans notre cœur la vertu. non seulement pour l'amour de l'ordre, mais pour l'amour de l'être suprême, dont l'existence et la grandeur sont annoncées par toute la nature.

CHAPITRE VII.

De l'amour de la Patrie.

D. Quelle doit être la première vertu d'un républicain ?

R. L'amour de la patrie.

D. En quoi consiste l'amour de la patrie ?

R. A être jaloux de sa liberté, de son honneur, de sa gloire, de sa prospérité.

D. Quels sentiments l'amour de la patrie inspire-t-il au vrai républicain ?

R. Des sentiments d'héroïsme,

de désintéressement et de bienfaisance.

D. Pourquoi des sentimens d'héroïsme ?

R. En ce qu'il doit toujours être prêt à sacrifier sa vie pour sa patrie.

D. Les anciens républicains nous ont-ils donné des exemples de ce dévouement ?

R. Oui, ils nous en ont donné d'éclatans. C'est ainsi que 300 Spartiates se sont sacrifiés au passage des Thermopyles, pour défendre leur pays contre l'armée des Perses qui étoit innombrable.

D. Que lisoit - on sur leur tombeau après leur mort ?

R. Ces mots touchans et sublimes : *Passant, va dire à Lacé-*

démone que nous sommes tous morts ici pour obéir à ses saintes loix ».

D. L'histoire de la Républi-que Française offre-t-elle de pa-reils traits ?

R. Elle en offre un si grand nom-bre, qu'on ne peut être embar-rassé que dans le choix de ceux qu'on doit citer. Telle fut, par exemple, l'intrépidité du jeune Barra, à qui des brigands propo-soient de crier vive le roi, sous peine de mort. Il aima mieux crier vive la république, et il expira percé de coups.

D. En quoi consistent les senti-mens de désintéressement qu'un républicain doit avoir pour sa pa-trie ?

R. A être toujours prêt à sacrifier son intérêt particulier à l'intérêt général, à rendre à son pays tous les services possibles, et à obliger ses concitoyens dans toutes les circonstances où il peut leur être utile.

CHAPITRE VIII.

De la piété envers ses parens, ou de l'amour filial.

D. Qu'est-ce que l'amour filial ?

R. C'est l'amour tendre et respectueux qu'on doit avoir pour ses parens.

D. Aimer ses parens est donc un devoir indispensable ?

R. Oui ; et l'amour qu'on leur doit est fondé sur la justice et la reconnoissance que nous imposent leurs bienfaits.

D. Quels sont les bienfaits des parens envers les enfans ?

R. Ce sont eux qui leur ont donné la vie, qui les élèvent dans leur enfance, qui les nourrissent, qui les vêtissent, qui ont soin de leur éducation, qui leur font apprendre un art ou un métier quelconque, et qui leur fournissent les moyens d'exister un jour dans le monde.

D. Quels sont les principaux devoirs des enfans envers leurs parens?

R. On peut les réduire à cinq : le premier est de les aimer et de les respecter.

D. Quel est le second ?

R. De leur obéir en tout, même

dans leurs ordres qui porteroient un caractère de sévérité.

D. Quel est le troisième ?

R. De les secourir dans leur vieillesse ou dans leurs besoins, et de faire tout pour eux, comme ils ont tout fait pour nous. C'est un devoir bien doux à remplir pour un cœur honnête et vertueux

D. Quel est le quatrième ?

R. De ne rien faire ni entreprendre d'important, sans les consulter et demander leur avis.

D. Quel est le cinquième ?

R. De supporter avec douceur leurs défauts et leur sévérité, en pensant que leurs imperfections ne leur ôtent pas le droit de pères et mères, et que c'est d'eux que nous tenons tout.

D. Ne devons-nous avoir de la déférence et du respect que pour nos parens ?

R. Nous en devons aussi à tous les hommes en place, parce qu'ils sont dépositaires de la confiance publique, aux personnes vertueuses, et sur-tout à la vieillesse, à laquelle les peuples les plus sages de l'antiquité ont toujours rendu les plus grands honneurs.

CHAPITRE IX.

De l'obéissance aux loix.

D. Pourquoi faut-il obéir aux loix ?

R. C'est parce qu'elles sont l'expression de la volonté générale.

D. N'y a-t-il pas un autre motif de cette obéissance ?

R. Oui, notre intérêt même nous en fait un devoir. Car le but des loix est de nous rendre heureux, en assurant l'égalité, la liberté, la propriété, et la sûreté des personnes.

D. Cependant, il peut arriver qu'une loi soit contraire à notre intérêt ; dans ce cas, faut-il y obéir ?

R. Oui, parce que si elle blesse quelques-uns de nos intérêts particuliers, elle favorise l'intérêt général. D'ailleurs si l'obéissance aux loix étoit une chose arbitraire, chacun les enfreindroit pour une cause ou pour une autre, et bientôt elles n'existeroient plus ; alors la confusion se mettroit dans la société.

D. Quel est le devoir que nous

impose l'obligation d'obéir aux loix?

R. C'est celui de respecter toutes les autorités constituées, qui sont les organes et les dépositaires de la loi, et de leur obéir sur-le-champ, quand elles parlent en son nom.

D. Les citoyens n'ont-ils pas au moins le droit de faire des représentations, quand une loi blesse évidemment leurs intérêts ?

R. Il n'y a nul doute à cet égard. La constitution même leur donne le droit d'adresser des pétitions. Mais en attendant que la loi, dont ils se plaignent, soit réformée ou mieux appliquée, ils doivent toujours s'y conformer.

CHAPITRE X.

De la justice.

D. En quoi consiste la justice?

R. A ne point faire à autrui, ce que nous ne voulons pas qu'on nous fasse.

D. La justice nous impose-t-elle des devoirs?

R. Elle nous en impose trois principaux.

D. Quel est le premier de ces devoirs?

R. De ne jamais s'emparer du bien d'autrui.

D. Quel est le second?

R. De ne nuire aux intérêts de personne, ni par ses discours, ni par ses actions.

D. Quel est le troisième ?

R. De n'exercer sur personne aucune violence, ni aucun mauvais traitement.

D. Y a-t-il des cas où il soit permis d'être injuste ?

R. Il n'y en a aucun. La justice nous oblige toujours à rendre à chacun ce qui lui est dû.

D. Faut-il être juste, même contre son intérêt ?

R. Il faut toujours être juste, même quand la justice blesseroit notre intérêt; parce qu'il ne suffit pas de l'être pour soi, il faut encore l'être pour les autres.

CHAPITRE XI.

De la bonne-foi et de la sincérité.

D. Qu'est-ce que la bonne-foi ?

R. C'est l'attachement inviolable à garder sa parole.

D. Quel devoir nous impose la bonne-foi ?

R. De ne jamais tromper personne.

D. La justice ne nous en fait-elle pas une loi ?

R. Oui, ainsi que notre intérêt qui s'accorde toujours avec elle.

D. Comment la justice nous fait-elle une loi de garder notre parole ?

R. Parce que c'est une chose injuste que de ne pas donner, dire ou faire à quelqu'un ce qu'on lui a promis. Car c'est le priver de ce qui lui est dû.

D. Quel intérêt pouvons-nous avoir à tenir ce que nous avons promis?

R. Nous méritons par-là la confiance d'autrui, tandis que nous nous exposons à la perdre, quand une fois nous avons manqué à notre parole. C'est delà qu'est venu le proverbe : *un menteur n'est jamais cru, même quand il dit la vérité.*

D. Qu'est-ce que mentir ?

R. C'est parler contre sa conscience.

D. Est-ce un grand défaut que de mentir ?

R. C'est un défaut vil et bas, qui rend l'homme qui en est susceptible, extrêmement méprisable.

D. Qu'est-ce que la sincérité ?

R. C'est l'habitude de dire la vérité. Je dis l'habitude, parce qu'un menteur peut quelquefois dire la vérité. Il n'est pa spour cela un homme sincère, c'est seulement un homme qui dit la vérité pour le moment.

D. La bonne-foi et la sincérité sont-elles des qualités bien estimables ?

R. Ce sont les plus belles qu'un républicain puisse avoir, puisqu'elles supposent des vertus, et qu'elles mènent au bien, comme la fausseté est un des plus grands vices, le seul qui puisse faire désespérer d'un homme déjà vicieux.

CHAPITRE XII.

De la bienfaisance.

D. Qu'est-ce que la bienfaisance ?

R. C'est un penchant naturel qui nous porte à faire du bien, et à soulager, autant que nous le pouvons, ceux que nous voyons souffrir.

D. Comment peut-on pratiquer la bienfaisance ?

R. En aidant de ses biens et de ses conseils, ceux qui en ont besoin.

D. Tout homme peut donc être bienfaisant ?

R. Oui, car être bienfaisant, ce n'est pas seulement donner, mais encore consoler les malheureux.

D. Comment faut-il faire le bien ?

R. Avec modestie et sans ostentation.

D. Ne peut-on pas avoir pour témoins de sa bienfaisance, la présence et les regards des hommes ?

R. Sans doute, mais ce n'est pas ce qu'il faut chercher; car la bienfaisance seroit infiniment circonscrite, si l'on s'attachoit uniquement aux actions honnêtes, qui peuvent être environnées de témoins.

D. Pourquoi cela ?

R. C'est qu'il n'y a que des momens pour faire le bien en public, et que la vie entière peut être remplie par des vertus inconnues.

D. Quel avantage peut nous procurer la bienfaisance ?

R. L'estime de tout le monde, la reconnoissance et l'amitié des malheureux.

D. Un homme bienfaisant est donc bien estimable ?

R. C'est la plus fidèle image de dieu sur la terre.

D. Quelles sont les principales qualités d'un homme bienfaisant ?

R. Ce sont la bonté, la bienveillance, la douceur, sentimens qui plaisent à tous les hommes, et qui contribuent tous à notre bonheur.

CHAPITRE XIII.

De l'austérité dans les mœurs.

D. Qu'est-ce que l'on entend par mœurs ?

R. La manière d'être, de vivre, et de penser habituelle.

D. Comme l'on peut vivre, et penser bien ou mal, les mœurs peuvent donc être bonnes ou mauvaises ?

R. Cela est juste.

D. Quel caractère doivent avoir les mœurs d'un républicain ?

R. Elles doivent être sages, vertueuses et austères.

Sages, en ne lui inspirant que des goûts raisonnables.

Vertueuses, en ne le portant qu'à des actions honnêtes.

Austères, en éloignant de son cœur l'amour de la frivolité, du luxe, et des plaisirs immodérés.

D. Quel inconvénient peut donc avoir le goût de la frivolité ?

R. Il détruit le nerf de l'âme ? retrécit les bornes de l'esprit, et enfante le dégoût des devoirs, et bientôt après leur mépris. Il est aussi incompatible avec le mérite, que le travail l'est avec l'inertie.

D. Et le goût du luxe?

R. Il altère les vertus, crée les hommes futiles et sans foi, les femmes coquettes et sans mœurs.

D. Et l'amour des plaisirs immodérés ?

R. Il conduit à la débauche, et de la débauche à tous les crimes.

D. Pourquoi faut-il qu'un républicain ait de meilleurs mœurs qu'un autre ?

R. C'est que dans une république, l'autorité étant pour ainsi dire, entre les mains de tout le monde, il est nécessaire qu'elle soit sous la sauve-garde de toutes les vertus.

D. Un républicain peut-il se permettre le luxe des habits et de la table ?

R. Non, il doit être vêtu simplement, et avoir une table modestement servie. Il ne faut pas qu'un seul dévore ce qui servirait à la subsistance de plusieurs. C'est un spectacle déchirant pour un républicain vertueux, que de voir à côté d'un égoiste plongé dans le sein des voluptés, et attirant à lui seul toutes les jouissances de la vie, l'indigence vertueuse dédaignée, se tourmenter dans la douleur et s'abreuver de ses larmes.

D. Qu'entend-on par un homme qui a de bonnes mœurs ?

R. Celui là a de bonnes mœurs, qui n'offense point l'honnêteté publique, qui respecte ses parens, qui a de la vénération pour les vieillards, qui élève ses enfans dans les principes de l'honneur et de la vertu, qui leur apprend à aimer leur patrie, à être justes, à ne faire tort à personne, à soulager les pauvres dans leur misère, et à consoler les malheureux dans leurs peines.

Celui-là a de bonnes mœurs, qui est fidèle à ses engagemens, quelque intérêt qu'il puisse avoir à les violer, qui est inaccessible à la corruption, qui n'estime que la probité, et qui ne donne son suffrage qu'à la vertu.

CHAPITRE XIV.

De la tempérance dans le bien.

D. Qu'est-ce que la tempérance?

R. C'est la modération en toutes choses.

D. Dans quelles circonstances faut-il principalement montrer de la tempérance ?

R. Dans la prospérité, dans les plaisirs, et dans la gloire.

D. Pourquoi dans la prospérité?

R. Parce que rien n'est si incertain que les faveurs de la fortune. Il ne faut pas y attacher un trop grand prix, si l'on ne veut pas être trop vivement affecté de leur perte, qui peut arriver d'un instant à l'autre.

D. Que faut-il faire alors ?

R. En jouir sagement ; régler ses besoins, ne pas s'en faire d'inutiles, avoir toujours présentes à la pensée ces belles paroles de Pythagore : *dès que tu passes la mesure du besoin, tu te jettes dans l'immensité du désir.*

D. Quelles règles la tempérance prescrit-elle dans les plaisirs ?

R. Il y en a trois principales.

D. Quelle est la première ?

R. C'est que nos plaisirs soient tels, qu'ils ne causent à personne, ni offense, ni scandale, ni préjudice.

D. Quelle est la seconde ?

R. C'est qu'ils ne nuisent, ni à notre réputation, ni à notre santé, ni à nos devoirs.

D. Quelle est la troisième ?

R. Il ne faut pas s'y livrer entièrement, ni en faire sa principale occupation, mais en user modérément.

D. Pourquoi cela ?

R. C'est que s'ils sont poussés trop loin, ils efféminent le corps et l'âme, et rendent incapable de vertus.

D. Pourquoi faut-il être tempérant dans la gloire ?

R. C'est parce que, si cette passion est portée trop loin, elle dégénère en ambition, et que l'ambition a presque toujours des suites fâcheuses.

Plus les succès sont éclatans, plus il faut allier de modestie au triomphe. C'est flétrir ses lauriers que d'en jouir avec orgueil.

CHAPITRE XV.

De la patience dans les maux.

D. Que doit-on faire, quand on éprouve des maux ?

R. Les supporter avec patience.

D. Quel avantage peut-il en résulter ?

R. C'est qu'en général la douleur est moins grande, quand on lui oppose une âme forte, que quand on lui cède avec foiblesse.

D. Quels sont les maux auxquels nous sommes exposés ?

R. Il y en a de deux sortes, les maux physiques, et les maux moraux.

D. Qu'est-ce que les maux physiques ?

R. Ce sont ceux qui regardent le corps, tels que la douleur, la pauvreté, la mort.

D. Qu'est-ce que les maux moraux ?

R. Ce sont ceux qui régardent l'âme, tels que les inquiétudes, les soucis, les chagrins.

D. Comment faut-il endurer les uns et les autres ?

R. Avec fermeté. Parce que, pour l'ordinaire il est de ces maux qu'on ne sauroit éviter, tels que la vieillesse, les maladies, les infirmités, et les coups imprévus du sort.

D. Comment peut-on supporter la pauvreté avec courage ?

R. En sachant vivre selon la nature, en se contentant de peu, et en menant une vie vertueuse,

D. La richesse fait-elle le bonheur ?

R. Non : il est un proverbe qui dit : *que contentement passe richesse.*

D. L'expérience justifie-t-elle ce proverbe ?

R. Oui ; on voit beaucoup de gens pauvres, heureux sous leur chaumière, au sein de leur famille, tandis qu'une infinité de gens riches sont dévorés de chagrins.

D. Par quels motifs peut-on endurer la mort avec patience ?

R. En considérant que c'est un tribut qu'il faut tôt ou tard payer à la nature; et l'homme raisonnable se soumet sans murmurer à ce qui est inévitable.

D. La mort n'offre-t-elle même

pas quelque consolation à l'homme vertueux ?

R. Oui, il la regarde comme le passage à une vie plus heureuse. Quand on a fait le bien pendant la vie, on meurt sans regret, et on se jette dans les bras de dieu avec confiance.

CHAPITRE XVI.

Du courage dans les dangers.

D. Quelle est la plus belle et la plus noble des vertus qui honorent l'humanité.

R. C'est le courage.

D. Qu'est-ce que le courage ?

R. C'est une fermeté d'âme, qui nous fait entreprendre ou supporter ce qui exige des efforts de la nature.

D. Combien y a-t-il de sortes de courages ?

R. Il y en a trois sortes; le courage public, le courage privé, et le courage militaire.

D. Comment se manifeste le le courage public ?

R. C'est que lorsque notre cœur s'enflamme pour le bien de la patrie, et que nous entreprenons de démasquer les fripons, de confondre les intrigants, de réprimer les audacieux, d'abbattre les méchans, et de rejetter les lâches à leur rang naturel.

D. N'y a-t-il pas du courage à défendre les droits de la justice, de l'innocence, et de l'honneur ?

R. Il y en a beaucoup ; car souvent ceux qui les attaquent, ne

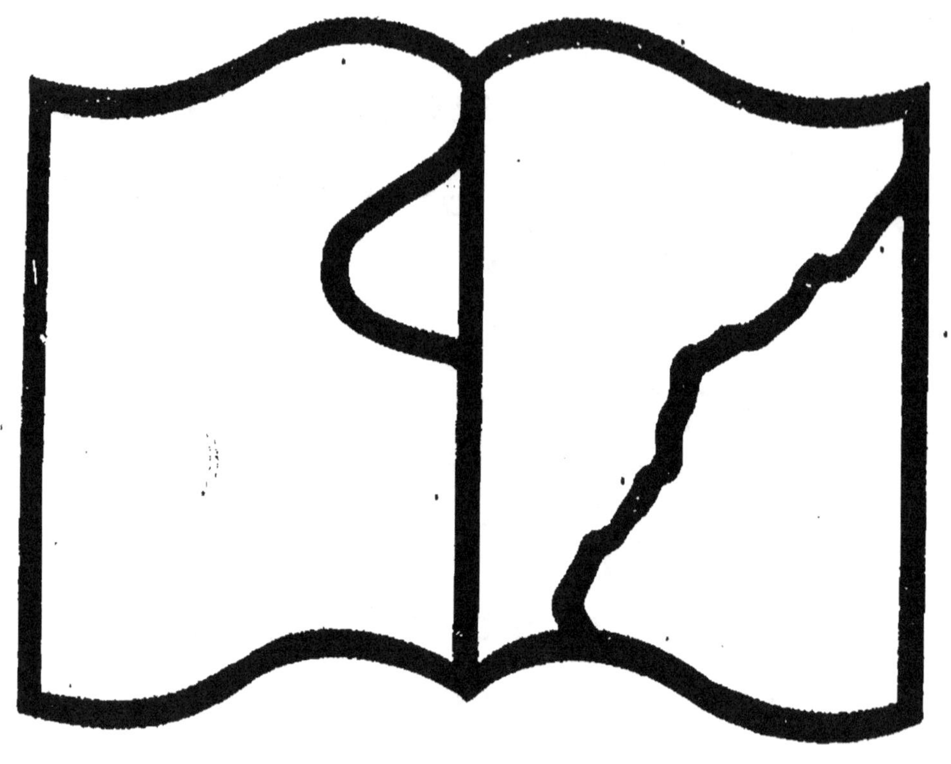

Texte détérioré — reliure défectueuse

NF Z 43-120-11

sont pas sans prépondérance, ni sans appui.

D. En quoi consiste le courage privé ?

R. A soutenir avec fermeté toutes les rigueurs de l'infortune, les peines particulières et les chagrins domestiques.

D. Qu'est-ce que le courage militaire ?

R. C'est celui qui nous fait affronter les dangers de la guerre, pour assurer la liberté de notre patrie, ou pour venger les outrages qu'on lui a faits.

D. Comment doit-on appeller cette fougue qui précipite sans nécessité un homme au milieu des dangers ?

R. On l'appelle témérité. Elle

obtient quelquefois du succès, mais selon les règles de la prudence, elle doit échouer. Elle est presque toujours dangereuse et déplacée.

D. Quel est donc le caractère du vrai courage militaire ?

R. Le vrai courage n'existe ni dans les étourdis qui s'exposent au danger sans le connoître, ni dans ces êtres désespérés que l'extrémité des circonstances réduit à la seule ressource des efforts de la nature, ni dans ces hommes féroces, qui tuent sans nécessité et pour avoir le plaisir de massacrer : on n'est véritablement brave, que lorsqu'on affronte un péril qu'on connoît, et qu'on s'y conduit avec la présence d'esprit qui annonce que les sens ne sont pas égarés, et avec cette chaleur

D. Dans quelles circonstances faut-il que l'homme déploye toutes les vertus héroïques de son âme ?

R. C'est dans le danger, soit pour défendre sa patrie, soit pour défendre ses amis, ou pour venir au secours de l'innocence et de la vertu opprimées.

D. Est-il beau de mourir pour sa patrie ?

R. Il n'y a rien de si honorable. C'est le plus sublime effort de l'humanité.

D. Est-il beau de défendre ses parens ou ses amis, quand ils sont dans le danger ?

R. C'est une vertu que tous les peuples de la terre ont admirée.

D. Et l'innocence que l'on opprime ?

R. On doit s'estimer très-heureux d'avoir l'occasion de la défendre. Il est si doux de faire du bien, sur-tout à l'innocence !

CHAPITRE XVII.

De l'amour du travail.

D. A quoi l'homme est-il condamné par sa nature, et par ses besoins?

R. A travailler.

D. Le travail est-il une obligation pour tout homme?

R. Oui, puisque tout homme jouit des avantages de la société, il est obligé d'y concourir en travaillant selon son état et ses forces.

D. L'homme riche doit donc travailler aussi bien que le pauvre?

R. Oui, sans doute. Car si son travail n'ajoute rien à son bonheur, il peut au moins contribuer à l'utilité publique.

D. Quelle opinion a-t-on de ceux qui ne travaillent pas?

R. On les regarde comme des

êtres inutiles à la société, et on les méprise.

D. Ne sont-ils pas même dangereux ?

R. Oui, car l'oisiveté est la source de tous les vices. *En ne faisant rien*, dit un sage, *on apprend ordinairement à mal faire*, ils deviennent nécessairement vicieux, et finissent par corrompre les mœurs publiques.

D. Quel est le but que doit se proposer un gouvernement sage?

R. C'est de mettre tous les hommes à même de travailler.

D. Quel est à cet égard le vice des gouvernemens despotiques?

R. C'est de négliger les pauvres, de ne point les employer, et de les réduire ainsi à la mendicité et à tous les vices qui en résultent.

D. Les enfans sont-ils soumis au travail comme les grandes personnes?

R. Oui, ils doivent s'occuper du genre de travail qui leur est imposé, et qui est proportionné à leur intelligence et à leurs forces. C'est ainsi qu'un enfant doit apprendre à lire, écrire, calculer, ou s'exercer dans l'art ou le métier auquel on le destine. C'est ainsi qu'une jeune fille doit également s'occuper de son éducation, et aider ses parens dans tous les détails domestiques.

D. Tous les états sont-ils estimables ?

R. Oui, s'ils sont utiles à la société.

D. Que doit-on penser de ceux qui méprisent un artisan ?

R. Qu'ils sont bien méprisables, et qu'ils ne méritent pas de vivre en société.

D. Il est des hommes, qui supportent le poids du jour et l'intempérie des saisons, qui vouent leurs membres à toutes les fatigues, tels que les cultivateurs et les artisans de toutes les classes, les ouvriers, les journaliers, pour gagner le pain qui les nourrit, le vêtement qui les couvre, et pourvoir à la subsistance de leur famille. Que faut-il penser de ces gens, s'ils sont vertueux, et ils le sont presque toujours ?

R. Qu'ils sont infiniment respectables, et bien précieux pour la société.

D. Il est aussi des hommes, qui, sans travailler, sans faire aucun effort de corps ni d'esprit, consomment dans l'oisiveté et la mollesse la substance d'autrui, quelle opinion faut-il avoir d'eux ?

R. Qu'ils sont bien méprisables, et qu'ils sont plutôt à charge qu'utiles à la société.

D. Que doit donc faire un bon républicain ?

R. Travailler, aimer sa patrie et la vertu.

FIN.

té de cette voie mixte qui examiner.

Voie mixte.

que-t-il à la voie des décla-
r, mériter la confiance du
n contre-poids à l'intérêt
d'où dérive leur infidélité.

que-t-il à la voie des véri-
n procédé facile, tranquille,
u dispendieux.

C

www.ingramcontent.com/pod-product-compliance
Lightning Source LLC
LaVergne TN
LVHW020448230826
846091LV00004B/1596
* 9 7 8 2 0 1 6 1 6 6 1 8 5 *